Victoria Rey

Vida y Milagros de El Maximón

Historia, Leyendas, Novena y Oraciones a San Simón

Todos los derechos reservados.
Ninguna parte de este libro o los demás libros de la serie podrán ser reproducidos en texto o imágenes, sin permiso por escrito de:
© Calli Casa Editorial 2008
© **Yhacar Trust 2024**

Ilustración de San Simón (color y blanco y negro)
                 por Walter Rodríguez

Diseño de portada: Bernabé Pérez

Foto de Contraportada:
Mezcal tomado de Wikimedia Commons, atribuído
               a Alejandra Mendoza Santillan

Supervisión general: Bernabé Pérez
www.LibrosdelJaguar.com
jbooks909@gmail.com
Lake Elsinore, CA 92530

¿Quién es El Maximón?

San Simón, también conocido como El Maximón, es una figura enigmática en la cultura guatemalteca, mezclando influencias mayas con elementos del cristianismo.

Explorar la historia de San Simón, también conocido como El Maximón, es adentrarse en un relato que se entrelaza profundamente con la historia y la cultura de Guatemala, especialmente con las tradiciones de los pueblos mayas y las influencias del cristianismo colonial.

ORÍGENES

La figura de San Simón o El Maximón probablemente tiene sus raíces en la época precolombina, pero ha evolucionado significativamente a lo largo del tiempo. Algunas teorías sugieren que El Maximón podría ser una adaptación sincretista de antiguas deidades mayas, como el dios Mam, relacionado con la fertilidad y la tierra, integrado más tarde con aspectos de figuras católicas y otros santos importados durante la colonización española.

EVOLUCIÓN Y SINCRETISMO

Durante la colonización, los misioneros católicos intentaron convertir a las poblaciones indígenas al cristianismo, lo que llevó a una fusión de creencias y prácticas. En este proceso, figuras como El Maximón se convirtieron en ejemplos vívidos de sincretismo religioso. Este personaje es venerado como un santo, aunque no es reconocido oficialmente por la Iglesia católica. Representa una amalgama de características tanto benevolentes como malévolas, lo que refleja la complejidad de su papel en el folklore local.

REPRESENTACIÓN Y VENERACIÓN

El Maximón es representado comúnmente por un muñeco vestido con ropa tradicional, que puede incluir sombreros y bufandas, y es custodiado por cofradías que cambian anualmente. La figura es a menudo rodeada de ofrendas que incluyen tabaco, alcohol y dinero, lo que refleja su papel como intercesor en asuntos mundanos y espirituales.

ROL ACTUAL

En la actualidad, El Maximón sigue siendo una figura central en varias comunidades, especialmente en Santiago Atitlán y otras áreas de Guatemala. Su culto refleja resistencia cultural y adaptabilidad, manteniendo vivas las tradiciones indígenas a través de las generaciones.

La conexión entre El Maximón y el dios Mam es un elemento intrigante de su historia, que ilustra la profunda integración y adaptación de las creencias mayas dentro del contexto más amplio del sincretismo religioso en Guatemala.

EL DIOS MAM

Mam es una deidad maya asociada con la montaña, la tierra y la fertilidad. También es considerado un dios del inframundo, jugando un papel crucial en los ciclos de la vida y la muerte, así como en la agricultura. En la cosmovisión maya, las montañas y las colinas eran vistas como lugares sagrados donde residían los dioses, y Mam era una figura central en estas creencias.

CONEXIÓN CON EL MAXIMÓN

Cuando los españoles llegaron y comenzaron el proceso de evangelización, los mayas fueron obligados a adoptar el cristianismo, pero muchos continuaron venerando a sus deidades ancestrales en secreto. Con el tiempo, la figura de Mam pudo haber sido transformada en El Maximón para ocultar la adoración indígena bajo la apariencia de un santo cristiano. Esta adaptación permitió a los mayas continuar sus prácticas religiosas a pesar de la dominación colonial.

REPRESENTACIÓN Y SIMBOLISMO

El Maximón comparte varias características con Mam, especialmente en su dualidad de naturaleza benévola y malévola. Al igual que Mam, El Maximón es a menudo visto como un protector de la comunidad que también puede causar daño si no se le respeta o si se le provoca. Ambos son figuras a las que se les ofrecen regalos para apaciguarlos o ganar su favor, especialmente ofrendas que incluyen elementos de la tierra como tabaco y alcohol.

ROL EN LA COMUNIDAD

El culto a El Maximón, similar al antiguo culto a Mam, implica rituales que reflejan las preocupaciones cotidianas de las comunidades mayas, tales como la salud, la prosperidad y la protección contra el mal. Estos rituales a menudo se llevan a cabo en lugares específicos que se consideran sagrados, fortaleciendo la conexión con la tierra y la montaña, elementos esenciales en la veneración de Mam.

La figura de El Maximón como una adaptación moderna de Mam muestra cómo las culturas indígenas han encontrado maneras de preservar y adaptar sus tradiciones y creencias ancestrales en un mundo que ha cambiado drásticamente. Esta conexión es un testimonio del poder de la resistencia cultural y la adaptabilidad de las prácticas religiosas mayas a lo largo del tiempo.

Las prácticas modernas en torno a El Maximón reflejan la continuidad de las tradiciones indígenas adaptadas a los contextos contemporáneos. A pesar de los cambios en la sociedad y la religión, la veneración de El Maximón mantiene aspectos clave que se pueden rastrear hasta su conexión con el dios Mam y otras deidades precolombinas.

COFRADÍAS Y CUSTODIA

El Maximón es custodiado por cofradías, que son hermandades religiosas indígenas responsables de cuidar su figura. Cada año, El Maximón es trasladado a la casa de un nuevo miembro de la cofradía, donde se le proporciona un altar y se le atiende durante todo el año. Esta práctica de rotación refleja la responsabilidad comunitaria y el honor asociado con el cuidado de una figura sagrada, similar a cómo se podrían haber cuidado las deidades locales en tiempos precolombinos.

OFRENDAS Y RITUALES

Las ofrendas a El Maximón incluyen objetos que son significativos tanto en el contexto maya como en el cristiano. El alcohol, el tabaco y el dinero son comunes, reflejando su papel como mediador en asuntos mundanos y espirituales. Estas ofrendas son similares a las que se hacían a Mam y otros dioses mayas, simbolizando respeto, petición de favores y agradecimiento. Los rituales a menudo incluyen oraciones, música y danzas que son mezclas de prácticas indígenas y cristianas.

PETICIONES Y PROTECCIÓN

El Maximón es conocido por su capacidad para conceder favores relacionados con la salud, la riqueza y la protección contra el mal. Los devotos se acercan a él con peticiones específicas, a menudo relacionadas con problemas cotidianos.

Este aspecto refleja el papel tradicional de Mam como protector y proveedor, siendo un punto focal para la comunidad en tiempos de necesidad.

FESTIVIDADES

Durante la Semana Santa, en particular, El Maximón es el centro de celebraciones extensivas que atraen a visitantes de toda Guatemala y más allá. Estas festividades son una combinación vibrante de rituales indígenas y cristianos, con procesiones, música y baile. La figura de El Maximón es adornada y llevada en procesión, similar a las festividades católicas pero con un carácter distintivamente maya.

INFLUENCIA CULTURAL Y TURISMO

La veneración de El Maximón también ha atraído interés turístico, lo que ha cambiado algunos aspectos de su práctica. Mientras que algunos ven esto como una forma de preservar y compartir la cultura maya, otros temen que pueda llevar a una comercialización excesiva y a una posible desviación de las prácticas tradicionales.

Estas prácticas modernas muestran cómo los rituales y la veneración de El Maximón actúan como un puente entre el pasado y el presente, permitiendo a las comunidades indígenas mantener vivas sus tradiciones y adaptarlas a las realidades modernas.

La influencia cristiana en la veneración de El Maximón es un ejemplo fascinante de cómo las tradiciones indígenas pueden fusionarse con las religiones importadas para crear una práctica religiosa única y sincretista. Este sincretismo no solo muestra la adaptabilidad de las creencias mayas, sino también cómo se han negociado y reinterpretado estas influencias a lo largo del tiempo.

INTEGRACIÓN DE ICONOGRAFÍA Y SANTOS CRISTIANOS

El Maximón es a menudo asociado con figuras de santos cristianos, como San Simón Pedro o Judas Iscariote, lo que facilita su aceptación y veneración dentro de las comunidades que practican tanto el catolicismo como las tradiciones mayas. Esta asociación no es accidental; vincula a El Maximón con narrativas y símbolos cristianos conocidos, lo que permite a los creyentes interpretar su veneración dentro de un marco cristiano. La figura de El Maximón a menudo se representa con elementos que recuerdan a estos santos, como puede ser la presencia de llaves o bolsas de dinero, en el caso de su asociación con Judas.

PRÁCTICAS Y FESTIVIDADES

Las prácticas alrededor de El Maximón incluyen elementos de la liturgia cristiana, como oraciones, procesiones y la celebración de festividades durante Semana Santa. Estas incorporaciones no solo demuestran la influencia cristiana, sino también cómo se ha indigenizado el cristianismo en estas regiones. Por ejemplo, durante la Semana Santa, El Maximón es llevado en procesión de manera similar a las imágenes de santos en las iglesias católicas, pero acompañado de rituales mayas y ofrendas específicas que no se encuentran en el cristianismo ortodoxo.

ESPACIOS DE CULTO COMPARTIDOS

En algunas comunidades, El Maximón se encuentra en capillas o en áreas adjuntas a las iglesias católicas, lo que subraya su posición ambigua pero integrada dentro del contexto religioso local. Esta coexistencia en espacios de culto refleja la complejidad del sincretismo religioso, donde las prácticas mayas y cristianas se entrelazan y coexisten, a veces de manera tensa y otras de forma más armoniosa.

ADAPTACIÓN TEOLÓGICA

Teológicamente, la figura de El Maximón ha sido adaptada para incluir conceptos cristianos como el pecado, la redención y la intercesión. Sin embargo, se mantiene distinto de los santos cristianos tradicionales por su dualidad moral y su capacidad para interactuar de maneras que pueden considerarse más pragmáticas y menos ortodoxas desde una perspectiva cristiana. Esto refleja una adaptación local que permite a los seguidores manejar sus propias necesidades espirituales y materiales de una manera que se siente relevante para sus vidas.

RESOLUCIÓN DE TENSIONES

La influencia cristiana en la veneración de El Maximón no ha estado libre de tensiones. En algunos casos, la Iglesia católica ha visto estas prácticas como heterodoxas o directamente heréticas, lo que ha llevado a conflictos sobre la legitimidad de su culto. Sin embargo, en muchas comunidades, estas tensiones se han resuelto a través de un equilibrio entre el respeto por las tradiciones indígenas y la doctrina cristiana.

Estos elementos ilustran cómo la influencia cristiana ha modelado la veneración de El Maximón, haciendo de ella un claro ejemplo de cómo las culturas pueden fusionarse para crear nuevas formas de expresión espiritual.

Leyendas y Milagros

Las leyendas y milagros asociados con El Maximón añaden una rica capa de misticismo y profundidad cultural a su veneración. Estas historias no solo refuerzan su estatus como una figura poderosa dentro de la comunidad, sino que también destacan su papel como un intercesor capaz de influir en la vida cotidiana de sus devotos. Aquí te presento algunas de las leyendas y relatos de milagros más conocidos:

1. EL PROTECTOR DEL PUEBLO

Una de las leyendas más comunes atribuye a El Maximón el poder de proteger a las comunidades que lo veneran de desastres naturales y enfermedades. Se cuenta que en varias ocasiones, cuando un pueblo enfrentaba una amenaza como un huracán o una epidemia, las oraciones y ofrendas a El Maximón resultaron en un cambio milagroso de las circunstancias, salvando al pueblo del desastre previsto.

2. EL VENGADOR DE INJUSTICIAS

Otra leyenda popular describe cómo El Maximón puede actuar como un agente de venganza y justicia. En esta historia, un hombre que había sido injustamente tratado y despojado de su tierra se encomendó a El Maximón. Poco después, los agresores sufrieron una serie de infortunios, y eventualmente, el hombre recuperó su propiedad. Este tipo de relatos subraya el papel de El Maximón como un mediador en disputas y un defensor de los marginados.

3. EL SANADOR MILAGROSO

El Maximón también es frecuentemente visto como un sanador. Hay numerosos testimonios de personas que, después de haber sido desahuciadas por la medicina convencional, recurrieron a El Maximón y experimentaron recuperaciones inexplicables. Estos milagros suelen estar acompañados de rituales específicos y ofrendas que deben realizarse de manera correcta para que El Maximón conceda su ayuda.

4. LA RECUPERACIÓN DE LA FÉ PERDIDA

En una narrativa particularmente emocionante, se cuenta la historia de un devoto que había perdido su fe en El Maximón debido a una serie de tragedias personales. En un momento de desesperación, el hombre desafió a El Maximón a probar su poder. Poco después, una serie de eventos positivos no solo resolvió sus problemas, sino que también restauró su fe en El Maximón. Esta historia se usa a menudo para enseñar sobre la importancia de la fe persistente y la paciencia.

5. INTERVENCIONES EN TIEMPOS DE GUERRA

Durante los conflictos armados en Guatemala, especialmente durante la larga guerra civil, se relatan historias de cómo El Maximón protegió a individuos o incluso a pueblos enteros de la violencia. Los relatos hablan de apariciones místicas y protecciones milagrosas que permitieron a las personas sobrevivir en medio de circunstancias extremadamente peligrosas.

Algunas Leyendas y Milagros

Estas leyendas y milagros juegan un papel crucial en la percepción de El Maximón como una entidad poderosa y multifacética, capaz de afectar el mundo físico y espiritual de maneras significativas.

EL PROTECTOR DEL PUEBLO

Una de las historias más emblemáticas de El Maximón actuando como protector del pueblo se encuentra en la comunidad de Santiago Atitlán, uno de los centros de su veneración. Este relato destaca su papel crucial durante un evento particularmente amenazante.

LA LEYENDA DEL VOLCÁN

Contexto:

Santiago Atitlán es un pueblo situado a orillas del Lago de Atitlán, con vistas impresionantes a los volcanes circundantes, incluido el Volcán San Pedro. Aunque estos volcanes son en su mayoría dormidos, la historia cuenta que hubo un tiempo en que la actividad volcánica amenazaba la seguridad del pueblo.

La Historia:

Según la leyenda, en una época indeterminada, el Volcán San Pedro comenzó a mostrar signos de una erupción inminente. Los habitantes del pueblo, temiendo por sus vidas y sus hogares, se reunieron para pedir la intercesión de El Maximón, quien es venerado no solo como un santo sino también como un poderoso espíritu capaz de influir en las fuerzas naturales.

Durante varios días, la comunidad llevó a cabo intensos rituales y ofrendas a El Maximón, depositando grandes cantidades de alcohol, tabaco y otras ofrendas en su altar. Además, los líderes espirituales y los miembros de la cofradía que custodiaba a El Maximón oraron fervientemente, pidiendo su protección y la pacificación del volcán.

El Milagro:

Después de días de continua tensión y oración, se dice que una noche, una figura parecida a El Maximón fue vista caminando hacia el volcán. Al amanecer, la actividad volcánica había cesado, y el pueblo fue salvado de la erupción. Los lugareños atribuyeron este milagro directamente a la intervención de El Maximón, quien habría calmado la ira del volcán y protegido al pueblo de la devastación.

Impacto en la Comunidad:

Este evento fortaleció la fe de los habitantes en El Maximón como un protector poderoso y benevolente. A partir de entonces, su veneración se intensificó, y cada año, en agradecimiento, se celebra una gran fiesta en su honor, recordando el milagro que salvó al pueblo y reafirmando su rol como guardián de la comunidad.

Esta historia es un ejemplo clásico de cómo las leyendas de El Maximón se entrelazan con la vida y las creencias de las comunidades que lo veneran, ofreciendo no solo protección sino también una identidad compartida y un sentido de esperanza en tiempos de crisis.

EL VENGADOR

Una historia donde El Maximón actúa como vengador resalta su capacidad para intervenir en asuntos de justicia, especialmente en situaciones donde las personas sienten que han sido tratadas de manera injusta. Estas historias a menudo reflejan el papel de El Maximón como un mediador que no solo protege, sino que también castiga.

La Leyenda del Comerciante Despojado

Contexto:

En una pequeña comunidad en las tierras altas de Guatemala, un comerciante local, querido y respetado en su comunidad, fue víctima de un engaño por parte de un socio comercial más poderoso y influyente. Este socio no solo rompió un acuerdo, sino que también utilizó su influencia para apropiarse de la tierra y los bienes del comerciante.

La Historia:

Desesperado y sintiéndose impotente ante las estructuras legales locales, que estaban influenciadas por la élite poderosa, el comerciante se encomendó a El Maximón. Depositó ofrendas de cigarros y aguardiente en el altar de El Maximón, pidiendo justicia y la recuperación de su propiedad. Además, le rogó a El Maximón que revelara la verdadera naturaleza de su socio a la comunidad y a las autoridades.

El Milagro de Venganza:

Poco tiempo después de sus oraciones y ofrendas, el socio comercial comenzó a experimentar una serie de desgracias. Su negocio principal sufrió un incendio misterioso, seguido por una serie de malas decisiones que llevaron a pérdidas financieras significativas. Además, documentos que probaban sus malas prácticas y engaños fueron descubiertos y expuestos al público.

Con su reputación y poder financiero disminuidos, el socio fue incapaz de mantener su influencia sobre las autoridades locales. Eventualmente, el comerciante logró llevar el caso a la corte y recuperó su propiedad y bienes.

Impacto en la Comunidad:

Este evento reforzó la creencia en la comunidad de que El Maximón no solo escucha y responde a las peticiones, sino que también actúa como un agente de justicia. La historia se extendió por la región, aumentando la fe en El Maximón y solidificando su reputación como protector y vengador.

Esta narrativa destaca cómo El Maximón puede ser percibido como un equilibrador de la justicia social en las comunidades, interviniendo en casos donde los sistemas legales y sociales pueden fallar. Las historias de venganza, en particular, subrayan su dualidad y el respeto que se debe tener hacia él, ya que su poder puede traer tanto beneficios como retribuciones.

EL SANADOR

Una leyenda donde El Maximón actúa como sanador destaca su capacidad para intervenir de manera milagrosa en asuntos de salud, proporcionando alivio y curación cuando otros medios han fallado. Estas historias son particularmente resonantes en las comunidades donde la medicina tradicional y las prácticas espirituales están profundamente entrelazadas.

La Leyenda del Niño Enfermo

Contexto:

En un pueblo cercano al lago Atitlán, un niño pequeño sufría de una enfermedad desconocida que los médicos locales no habían logrado diagnosticar correctamente. A pesar de los esfuerzos de varios especialistas y el uso de medicina moderna, el niño continuaba debilitándose día tras día.

La Historia:

La madre del niño, una devota seguidora de El Maximón, decidió buscar la ayuda del santo después de que todas las opciones médicas parecían haber fallado. Llevó al niño al altar de El Maximón en su casa, donde la comunidad solía reunirse para rendirle homenaje. Allí, rodeada de otros devotos, la madre ofreció cigarrillos y botellas de aguardiente, elementos tradicionales de las ofrendas a El Maximón, implorando su intervención para la salud de su hijo.

El Milagro de Sanación:

Después de las oraciones y ofrendas, la comunidad realizó una vigilia, cantando y rezando toda la noche alrededor del niño, quien yacía frente al altar de El Maximón. Al amanecer, algo extraordinario ocurrió: el niño comenzó a mostrar signos de recuperación. Su fiebre disminuyó y su energía retornó poco a poco. En cuestión de días, se recuperó completamente, para asombro de todos, incluidos los médicos que lo habían tratado previamente.

Impacto en la Comunidad:

    La curación del niño se atribuyó sin duda a la intervención de El Maximón. Este evento reforzó la fe en su poder sanador y solidificó su estatus como un intercesor crucial en asuntos de salud dentro de la comunidad. Desde entonces, muchas más personas comenzaron a acudir al altar de El Maximón con ofrendas, buscando ayuda para diversas dolencias y enfermedades.

    Esta leyenda refleja la importancia de El Maximón no solo como una figura protectora y justiciera, sino también como un sanador capaz de realizar milagros cuando se le pide con fe y respeto. Historias como esta son comunes en muchas culturas que practican formas de sincretismo religioso, donde la interacción entre lo espiritual y lo médico es fluida y profundamente integrada en la vida cotidiana de la gente.

EL RESTAURADOR DE LA FE

Una historia particularmente impactante de El Maximón involucra a un creyente que había perdido la fe pero que, tras desafiar al santo, presenció un milagro que no solo restauró su fe sino que también cambió su vida. Esta narrativa subraya el poder de El Maximón no solo para responder a las peticiones sino también para reafirmar la fe de aquellos que dudan.

La Leyenda del Agricultor Escéptico

Contexto:

En una pequeña comunidad en las montañas de Guatemala, un agricultor que había sido devoto de El Maximón durante muchos años comenzó a perder su fe después de una serie de malas cosechas y problemas familiares. A pesar de sus oraciones y ofrendas continuas, la desesperación comenzó a apoderarse de él, llevándolo a cuestionar la eficacia y la existencia misma de El Maximón.

La Historia:

En un momento de profundo desespero, el agricultor, impulsado por la frustración, fue al altar de El Maximón y lo desafió directamente. Le dijo en voz alta que, si realmente poseía algún poder, debería mostrarlo antes de que el sol se pusiera ese día, o perdería un creyente para siempre.

El Desafío:

El agricultor no esperaba respuesta alguna y se preparó para abandonar sus creencias por completo. Sin embargo, ese mismo día, cuando regresaba a su casa, encontró a un extraño en el camino. Este hombre, que no había sido visto antes en la aldea, le ofreció comprar una parte de su cosecha a un precio extraordinariamente alto, suficiente no solo para cubrir sus deudas sino también para invertir en mejores suministros agrícolas.

El Milagro:

Sorprendido pero aún escéptico, el agricultor aceptó la oferta. El extraño pagó en efectivo y se marchó. Cuando el agricultor fue a agradecer a El Maximón por esta aparente respuesta a su desafío, descubrió que la figura del santo había cambiado ligeramente de posición en el altar, algo que solo podría haber ocurrido por intervención humana.

Restauración de la Fe:

Este evento no solo restauró la fe del agricultor en El Maximón, sino que también revitalizó la devoción en toda la comunidad, que vio este incidente como una prueba palpable del poder de El Maximón. El agricultor se convirtió en un ferviente defensor de la fe, compartiendo su historia con todos como un testimonio del poder y la misericordia de El Maximón.

Esta leyenda muestra cómo, incluso en momentos de duda y desesperación, la intervención de El Maximón puede restaurar la fe y traer cambios significativos a la vida de las personas. Refleja el papel de El Maximón no solo como un santo intercesor sino también como un ente capaz de desafiar y fortalecer la fe de sus devotos.

EL RESTAURADOR DE LA PAZ

Una de las leyendas más conmovedoras sobre El Maximón involucra su intervención durante los tiempos turbulentos de la guerra civil en Guatemala, destacando su papel como protector en momentos de gran peligro y desesperación.

La Leyenda del Soldado Perdido

Contexto:

Durante la larga y brutal guerra civil en Guatemala, que duró desde 1960 hasta 1996, muchas comunidades sufrieron enormemente bajo la violencia y la represión. En este periodo, un joven soldado de una pequeña aldea, cuya familia era devota de El Maximón, fue reclutado a la fuerza en el ejército.

La Historia:

Durante una de las muchas escaramuzas violentas, este soldado se encontró separado de su unidad en medio de la selva. Rodeado de peligros y sin saber cómo regresar, el soldado invocó a El Maximón, pidiendo su protección y ayuda para volver a casa sano y salvo. Ofreció, si sobrevivía, dedicar un altar a El Maximón en su casa y servirle como agradecimiento por su salvación.

La Intervención Milagrosa:

Después de su oración, el soldado, guiado por una inexplicable sensación de seguridad, comenzó a caminar a través de la densa selva. Sorprendentemente, encontró un camino poco claro que lo llevó de regreso a un área segura, donde se reunió con otros soldados guatemaltecos que lo ayudaron a regresar a su base. Durante su viaje, el soldado creyó ver figuras en la selva que se movían paralelas a él, protegiéndolo, que él atribuyó a manifestaciones de El Maximón.

El Regreso y el Cumplimiento de la Promesa:

Una vez a salvo y de vuelta en su aldea, el soldado cumplió su promesa. Construyó un pequeño altar en honor a El Maximón en su hogar, donde él y otros aldeanos continuaron ofreciendo oraciones y ofrendas. La historia del milagroso retorno del soldado se difundió, reforzando la fe de la comunidad en el poder protector de El Maximón, especialmente en tiempos de conflicto.

Impacto en la Comunidad:

Este evento fortaleció la creencia en El Maximón como un protector no solo en asuntos cotidianos, sino también en tiempos de extrema crisis y peligro. La historia subraya su papel como un santo que no solo cuida de los individuos, sino que también tiene el poder de intervenir en situaciones de gran desesperación y necesidad.

Esta leyenda es un testimonio del papel de El Maximón como un símbolo de esperanza y protección, particularmente valorado en tiempos de guerra y conflictos. Muestra cómo las figuras espirituales como El Maximón pueden proporcionar no solo consuelo espiritual, sino también una sensación de guía y protección en momentos críticos.

El Maximón sólo se le aparece a la gente buena

La creencia de que El Maximón solo se aparece a la gente buena es un aspecto interesante de su culto y puede reflejar varias dimensiones de cómo se entiende su figura en la cultura local.

En general, esta idea puede estar vinculada a varios principios morales y espirituales que caracterizan la relación entre los devotos y esta entidad.

1. MORALIDAD Y JUSTICIA

El Maximón es conocido por su dualidad moral; es decir, no solo es una figura benevolente sino que también tiene aspectos más severos o castigadores. La noción de que solo se aparece a la gente buena podría estar relacionada con este sentido de justicia: aquellos que viven de acuerdo con los principios morales de la comunidad y que respetan y honran adecuadamente a las tradiciones pueden ser vistos como dignos de su aparición y ayuda.

2. RECIPROCIDAD Y RESPETO

En muchas tradiciones indígenas y en el sincretismo religioso, la relación con lo divino es de reciprocidad. Esto significa que las bendiciones o apariciones de figuras espirituales como El Maximón pueden depender de cómo los individuos interactúan con estas entidades y con su comunidad. Aquellos que se comportan bien, ofrecen respeto y cumplen con sus obligaciones religiosas y sociales, son más propensos a recibir favor o reconocimiento por parte de entidades como El Maximón.

3. LECCIONES Y ENSEÑANZAS

La idea también puede funcionar como una herramienta pedagógica dentro de la comunidad. Al enseñar que El Maximón se aparece solo a los buenos, se fomentan comportamientos éticos y se refuerzan las normas sociales. Esta enseñanza ayuda a cultivar una comunidad donde los valores como la honestidad, la generosidad y la lealtad son altamente valorados.

4. PROTECCIÓN Y GUÍA

Finalmente, esta creencia puede ofrecer consuelo y guía. En tiempos de incertidumbre o dificultad, saber que una figura poderosa como El Maximón podría ofrecer su ayuda puede ser muy reconfortante, especialmente si uno se esfuerza por vivir de manera justa y buena. Esto también puede motivar a las personas a buscar mejorarse a sí mismas y a sus comunidades, esperando ganar el favor de El Maximón.

En resumen, la creencia de que El Maximón se aparece solo a la gente buena encapsula cómo la figura de El Maximón es percibida no solo como un santo o espíritu, sino como un guardián de la moralidad y las tradiciones de la comunidad. Esta visión ayuda a fortalecer los lazos sociales y a promover una vida comunitaria armoniosa y ética.

No hay que burlarse de El Maximón

La advertencia de "no burlarse de El Maximón" es una norma muy arraigada en las comunidades que lo veneran y refleja el profundo respeto y la seriedad con que se trata su culto.

Esta regla no solo destaca la reverencia hacia El Maximón, sino que también subraya la creencia en su poder y su capacidad para influir en la vida de las personas. Aquí se destacan algunos aspectos importantes de esta creencia:

1. RESPETO Y REVERENCIA

El Maximón es considerado una figura poderosa y sagrada, y como tal, se espera que sea tratado con el máximo respeto. Burlarse de él puede ser visto como una falta de respeto no solo hacia la figura misma, sino también hacia las tradiciones culturales y espirituales de toda la comunidad. El respeto hacia las figuras sagradas es un pilar fundamental en muchas religiones y sistemas de creencias, y en el caso de El Maximón, este respeto es central para mantener la armonía dentro de la comunidad.

2. CONSECUENCIAS DE LA IRREVERENCIA

La creencia de que no se debe burlar de El Maximón también está ligada a la idea de que tales acciones pueden tener consecuencias negativas. Según las tradiciones, El Maximón posee tanto la capacidad para conceder favores como para castigar a aquellos que actúan de manera inapropiada hacia él. Las historias y leyendas a menudo relatan incidentes donde aquellos que han desafiado o ridiculizado a El Maximón enfrentan infortunios o castigos, como enfermedades, mala suerte en los negocios, o problemas personales.

3. ENSEÑANZA MORAL

Esta norma sirve también como una enseñanza moral dentro de la comunidad. Alentar a las personas a tratar con seriedad y respeto a El Maximón refuerza valores como el respeto por lo sagrado y lo espiritual. Esta enseñanza ayuda a cultivar un entorno donde las prácticas religiosas se llevan a cabo con sinceridad y profundidad, asegurando que las tradiciones sean pasadas a las futuras generaciones con la seriedad que merecen.

4. PROTECCIÓN DE LA TRADICIÓN

Finalmente, la advertencia de no burlarse de El Maximón ayuda a proteger la integridad y autenticidad de las prácticas religiosas y culturales. En una era donde las tradiciones pueden ser fácilmente malinterpretadas o comercializadas, mantener un nivel de respeto y seriedad ayuda a preservar estas prácticas de ser trivializadas o mal representadas.

En resumen, la regla de no burlarse de El Maximón encapsula la complejidad de su culto y el profundo respeto que los devotos tienen hacia él. Refleja la creencia en su poder y la seriedad con la que se manejan las tradiciones religiosas y culturales en las comunidades que lo veneran.

Festividades

Las festividades en honor a El Maximón son eventos vibrantes y profundamente significativos en las comunidades que lo veneran, particularmente en Guatemala. Estas celebraciones combinan rituales religiosos tradicionales con festividades comunitarias y son momentos clave en el calendario cultural de estas regiones.

UBICACIONES PRINCIPALES

Santiago Atitlán: Una de las celebraciones más famosas de El Maximón ocurre en Santiago Atitlán, un pueblo situado a orillas del Lago Atitlán. Aquí, El Maximón es también conocido como Rilaj Maam, y tiene una fuerte presencia en la vida cultural y espiritual del pueblo.

Zunil: Otra localidad notable donde se celebra a El Maximón es Zunil, cerca de Quetzaltenango. Aquí, las festividades son igualmente importantes y atraen a numerosos visitantes y devotos.

MOMENTOS DE CELEBRACIÓN

Semana Santa: Las principales festividades de El Maximón se llevan a cabo durante la Semana Santa. Estas fechas coinciden con las celebraciones cristianas de la Pasión, Muerte y Resurrección de Jesucristo, lo que refleja el sincretismo religioso de la veneración a El Maximón.

CÓMO SE CELEBRAN

Preparativos y Ofrendas: Los preparativos para las festividades comienzan con la limpieza y decoración del altar de El Maximón. Los devotos traen ofrendas que incluyen tabaco, alcohol (especialmente aguardiente), y flores. Estas ofrendas son importantes para mostrar respeto y devoción, y se cree que agradan a El Maximón.

Rituales y Oraciones: Durante las festividades, se llevan a cabo rituales especiales que incluyen oraciones y cantos tradicionales. Los chamanes o guías espirituales a menudo dirigen estos rituales, invocando la protección y la bendición de El Maximón para la comunidad.

Procesiones: Uno de los puntos culminantes de la celebración es la procesión de la imagen de El Maximón. Durante esta procesión, la figura es llevada por las calles del pueblo, acompañada de música, danzas y una gran participación comunitaria. Es un momento de gran alegría y celebración, pero también de profunda reverencia religiosa.

Cambio de Custodia: En Santiago Atitlán, cada año El Maximón es movido a una casa diferente, donde será custodiado y cuidado por una nueva cofradía. Este evento es significativo y se lleva a cabo con una ceremonia especial que marca la transferencia de responsabilidades.

Interacción Comunitaria: Las festividades también son un momento para la reunión comunitaria, donde las personas comparten comidas, historias y celebran su identidad cultural y religiosa. Es una oportunidad para reafirmar la cohesión social y la solidaridad entre los miembros de la comunidad.

   Estas festividades no solo son importantes desde el punto de vista religioso, sino que también son vitales para la preservación de la cultura y la identidad de las comunidades que celebran a El Maximón. A través de estas celebraciones, se transmite de generación en generación el respeto y la devoción por esta figura tan singular.

¿Hay algún día concreto que se celebre al santo?

Sí, hay un día específico que se destaca en las celebraciones de El Maximón, especialmente en la región de Santiago Atitlán. El día más importante es el Miércoles Santo, durante la Semana Santa. Esta fecha es central para las festividades más grandes y elaboradas en honor a El Maximón.

Durante el Miércoles Santo, las actividades en torno a El Maximón alcanzan su punto culminante. La figura de El Maximón es llevada en procesión por las calles del pueblo, acompañada de música, danzas, y una participación activa de la comunidad. Además de la procesión, se realizan rituales específicos, oraciones y ofrendas, que incluyen tabaco, alcohol y comida, para honrar y apaciguar a la figura.

Este día no solo es de gran significancia religiosa debido a su conexión con la Semana Santa y los eventos de la Pasión de Cristo, sino que también refleja el sincretismo cultural y religioso de la región, donde las tradiciones indígenas y cristianas se entrelazan de manera compleja y profunda.

El Miércoles Santo, por tanto, es una fecha de gran importancia en la veneración de El Maximón y se observa con una mezcla de solemnidad y celebración, reflejando la dualidad de la figura de El Maximón y su papel en la comunidad.

Elementos del Altar

El Altar

Cada elemento colocado en el altar de El Maximón tiene un significado simbólico y es una parte crucial de la forma en que los devotos interactúan y honran a esta figura. Vamos a explorar el significado de cada uno de los elementos que mencionaste y ver si hay otros que podrían añadirse:

Monedas

Las monedas son una ofrenda común en muchos rituales religiosos y espirituales, simbolizando la prosperidad y el apoyo material. Al ofrecer monedas a El Maximón, los devotos buscan su ayuda en asuntos financieros o simplemente muestran su gratitud y respeto.

Tortillas

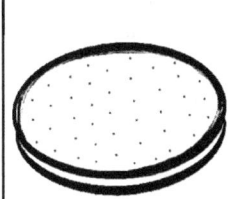

Las tortillas son un elemento esencial de la dieta guatemalteca y representan la alimentación y el sustento cotidiano. Ofrecer tortillas en el altar es una forma de compartir la comida diaria con El Maximón, reconociendo su presencia y protección en la vida diaria de los devotos.

Tabaco

El tabaco, especialmente en forma de cigarrillos o puros, es una ofrenda muy significativa. Se cree que el humo del tabaco es purificador y que puede llevar las oraciones de los fieles a los espíritus. Para El Maximón, fumar es una parte fundamental de su iconografía y ritual.

Vela

La vela simboliza la luz, la guía y la presencia divina. Encender una vela en el altar de El Maximón es una manera de iluminar el camino espiritual, buscar iluminación y hacer que las peticiones y oraciones sean más claras y directas.

Vaso de Agua

Un vaso de agua en el altar ayuda a apaciguar la sed de El Maximón y es también una ofrenda de bienvenida. El agua simboliza la pureza, la limpieza y la vida, esenciales en muchos rituales espirituales.

Flores

Las flores son signos de honor, respeto y celebración. Colocar flores en el altar de El Maximón embellece el espacio sagrado y sirve como una ofrenda de belleza y naturaleza, creando un ambiente de festividad y reverencia.

Alcohol

Además de estos elementos, es común ver alcohol, particularmente aguardiente, en el altar de El Maximón. El alcohol se considera una ofrenda poderosa, utilizado tanto para la limpieza ritual como para invitar al espíritu de El Maximón a participar y asistir en las peticiones. El alcohol simboliza la festividad, pero también la transmutación de los deseos y peticiones en realidad.

Cada uno de estos elementos contribuye a un altar que es tanto un punto de conexión espiritual como un testimonio de la relación continua entre El Maximón y sus devotos. Al combinar elementos físicos y espirituales, los seguidores de El Maximón crean un espacio sagrado que refleja su fe y sus esperanzas.

Cómo preparar el agua milagrosa de San Simón

El agua milagrosa de San Simón, también conocido como El Maximón, es una preparación que se utiliza en algunos rituales y prácticas devocionales. Se le atribuyen propiedades de protección, curación y limpieza. Aquí te dejo una guía básica sobre cómo puedes prepararla:

Ingredientes y Elementos Necesarios:

Agua: Preferiblemente agua pura o de manantial.
Alcohol: Tradicionalmente, se utiliza aguardiente o algún tipo de licor fuerte.
Tabaco: Un cigarrillo o un poco de tabaco natural.
Flores: Flores locales frescas, a menudo las que son comunes en la región o significativas para la práctica espiritual.
Hierbas: Hierbas sagradas o medicinales que son comunes en la región, como la albahaca, romero, o cedro.
Una vela blanca: Para la purificación y la oración.
Un recipiente de vidrio o cerámica: Para mezclar y almacenar el agua.

Pasos para Preparar el Agua Milagrosa:

Purificación del Espacio y los Ingredientes:
Enciende la vela blanca en un lugar seguro y realiza una oración o meditación para purificar el espacio. Pide protección y guía a San Simón mientras preparas el agua.

Preparación de los Ingredientes:

Llena el recipiente con agua.
Añade unas gotas de alcohol. La cantidad puede variar, pero generalmente son unas pocas gotas para simbolizar la purificación y el espíritu de San Simón.
Coloca el tabaco en el agua. Esto se hace a menudo desmenuzando un cigarrillo o añadiendo un poco de tabaco natural.

Añade las flores y las hierbas. Estas no solo proporcionan aroma y propiedades medicinales, sino que también son ofrendas de belleza y respeto.

Consagración y Oración:
Con las manos sobre el recipiente, realiza una oración dedicada a San Simón, pidiendo su bendición y protección. Pide específicamente que el agua sea infundida con sus cualidades de curación y protección.

Deja que la mezcla repose junto a la vela mientras continúas orando o meditando. Esto puede durar desde unos minutos hasta varias horas, dependiendo de tus prácticas personales.

Uso del Agua Milagrosa:
Una vez que sientas que el proceso está completo y el agua ha sido debidamente consagrada, puedes usarla para limpiar espacios, para protección personal rociándola en lugares o sobre personas, o como parte de otros rituales.

Almacena el agua restante en un lugar frío y oscuro (un refrigerador, por ejemplo) y trátala con respeto, ya que se considera sagrada.

Es importante recordar que esta preparación y uso del agua milagrosa debe hacerse con respeto y seriedad, dado el carácter sagrado que se atribuye a estas prácticas. Además, siempre es recomendable adaptar los ingredientes y los rituales a las tradiciones y creencias locales específicas de la comunidad que venera a San Simón/El Maximón.

Velas (Candelas)

En muchas tradiciones espirituales y religiosas, incluyendo aquellas que veneran a El Maximón o San Simón, las velas de diferentes colores se utilizan para representar diversas intenciones, deseos o aspectos de la vida. Cada color de vela tiene un significado específico y puede ser empleado en rituales o prácticas devocionales en días particulares para maximizar su efectividad. Aquí te detallo algunos de los colores más comunes de velas usadas en estos contextos y sus significados:

COLORES DE VELAS Y SUS SIGNIFICADOS

Blanco:

Significado: Pureza, verdad, espiritualidad y paz.

Uso: Se utiliza para la purificación, la meditación, y para potenciar la conexión espiritual. Es adecuada para cualquier día, especialmente en rituales de limpieza o cuando se busca claridad.

Rojo:

Significado: Pasión, fuerza, amor y coraje.

Uso: Se emplea para invocar pasión, fortaleza en situaciones difíciles, o en rituales de amor. El día más propicio puede ser el martes, asociado con Marte, el planeta de la energía dinámica y la pasión.

Verde:

Significado: Crecimiento, salud, y prosperidad.

Uso: Ideal para rituales que buscan la prosperidad económica, la sanación física o el crecimiento personal. El viernes, día asociado con Venus que rige la abundancia y la fertilidad, es ideal para velas verdes.

Amarillo:

Significado: Inteligencia, confianza, y alegría.

Uso: Se usa para potenciar la claridad mental, el éxito en estudios o en el trabajo y para eleva la autoestima. El miércoles, día de Mercurio, es adecuado para estas intenciones.

Azul:

Significado: Calma, curación y armonía.

Uso: Utilizada para fomentar la paz, la armonía y la sanación emocional. El lunes, asociado con la Luna, es un buen día para rituales de sanación y paz.

Negro:

Significado: Protección y absorción de la negatividad.

Uso: Las velas negras se utilizan para la protección contra el mal y la negatividad. El sábado, día de Saturno, que está asociado con límites y protección, es el más adecuado.

Morado:

Significado: Espiritualidad, poder psíquico y sabiduría.

Uso: Empleadas en prácticas que buscan potenciar la intuición y la sabiduría espiritual. El jueves, día de Júpiter, es ideal para esto.

DÍAS ESPECÍFICOS PARA EL USO DE VELAS

Como mencionado anteriormente, ciertos días de la semana están asociados con diferentes planetas y energías, lo que los hace más propicios para ciertos tipos de trabajos espirituales:

Lunes (Luna): Emociones, sanación, paz.
Martes (Marte): Coraje, conflictos, pasión.
Miércoles (Mercurio): Comunicación, estudios, comercio.
Jueves (Júpiter): Crecimiento, abundancia, sabiduría.
Viernes (Venus): Amor, belleza, amistad.
Sábado (Saturno): Limpieza, protección, meditación.
Domingo (Sol): Éxito general, salud, vitalidad.

El uso de velas de colores en días específicos puede ayudar a alinear la energía del ritual con las fuerzas cósmicas, maximizando así la efectividad de tus intenciones. En la práctica de la veneración a El Maximón, combinar estas tradiciones con las ofrendas y oraciones específicas puede enriquecer y profundizar la experiencia espiritual.

Oraciones

Los rezos son una parte central de muchas prácticas religiosas y espirituales, incluyendo la veneración a El Maximón. Los rezos específicos pueden variar según la región, la comunidad y la intención detrás de la oración. A continuación, proporcionaré un ejemplo de rezo que se puede utilizar para honrar a El Maximón, buscando su protección, guía y bendiciones.

REZO A EL MAXIMÓN

Encabezado:

Oh, venerable El Maximón, Santo Hermano, protector y guía de nuestras vidas, venimos ante ti con respeto y humildad.

Petición de Protección:

Poderoso El Maximón, que tu fuerza nos guarde de todo mal y peligro. Rodea a nuestras familias con tu protección divina y mantenlas seguras bajo tu cuidado. Defiéndenos de las envidias y los perjuicios, y sé nuestro escudo contra las injusticias.

Petición de Guía:

Gran Sabio, ilumina nuestro camino con tu sabiduría ancestral. Guíanos en nuestras decisiones, para que cada paso que demos sea firme y seguro. Ayúdanos a discernir entre el bien y el mal, y a elegir siempre el camino que nos lleve a la luz y la prosperidad.

Petición de Bendiciones:

Generoso El Maximón, derrama sobre nosotros tus bendiciones abundantes. Trae prosperidad a nuestros hogares, salud a nuestros cuerpos y paz a nuestros corazones. Que tu generosidad sea el viento que impulse nuestras vidas hacia adelante.

Agradecimiento:

Te damos gracias, oh El Maximón, por escuchar nuestras súplicas. Agradecemos tu presencia constante y tu intercesión poderosa. Nos comprometemos a mantenerte en honor y a seguir tus enseñanzas con devoción.

Cierre:

Que nuestras ofrendas sean de tu agrado, y que nuestra fe en ti sea siempre fuerte. Amén.

CONSIDERACIONES ADICIONALES

Personalización: Los rezos pueden ser personalizados para reflejar necesidades o situaciones específicas. Si buscas la intercesión de El Maximón para un problema concreto, como un litigio legal o una enfermedad, puedes adaptar el rezo para reflejar esa intención.

Ofrendas: Al rezar a El Maximón, es común acompañar las oraciones con ofrendas como tabaco, alcohol y velas. Estas ofrendas son signos de respeto y pueden ser vistos como parte de la comunicación con él.

Frecuencia y Momento: Los rezos pueden realizarse en momentos específicos, como durante las festividades de El Maximón, o pueden ser parte de una práctica diaria o semanal, dependiendo de la devoción del practicante.

Este rezo puede servir como un marco general que te permita conectar con El Maximón de manera respetuosa y significativa, respetando las tradiciones y la importancia que tiene esta figura en su contexto cultural y espiritual.

Al colocar el altar

Aquí te ofrezco un conjunto de rezos breves, uno para cada elemento, diseñados para bendecir y consagrar los objetos mientras se colocan en el altar de San Simón. Estos rezos ayudarán a establecer una conexión espiritual con cada ofrenda, resaltando su significado y propósito.

REZO PARA BENDECIR EL AGUA

"Sagrado San Simón, bendice esta agua, que purifica y renueva. Que su presencia en tu altar lave nuestras almas y traiga pureza a nuestras vidas. Con cada gota, que se renueven nuestra fe y nuestra devoción hacia ti. Amén."

REZO PARA BENDECIR LAS TORTILLAS

"Venerable San Simón, bendice estas tortillas, sustento de nuestro día a día. Que al colocarlas ante ti, nos recuerden la abundancia y la providencia que nos otorgas. Que nunca falte el alimento en nuestras mesas ni la gratitud en nuestros corazones. Amén."

REZO PARA BENDECIR LAS MONEDAS

"Poderoso San Simón, bendice estas monedas, símbolo de la prosperidad que deseamos. Que su brillo refleje la abundancia y la fortuna que esperamos bajo tu protección y guía. Que la riqueza sea empleada para el bien y el progreso de todos. Amén."

REZO PARA BENDECIR EL TABACO

"San Simón, bendice este tabaco, enlace entre los mundos. Que su humo lleve nuestras oraciones hasta ti y que su aroma nos recuerde tu constante presencia y protección. Que nos brinde momentos de reflexión y conexión espiritual. Amén."

EREZO PARA BENDECIR LAS FLORES

"Querido San Simón, bendice estas flores, que adornan tu altar con su belleza natural. Que su fragancia sea un constante recordatorio de la belleza de la vida y la naturaleza. Que florezcan como florece nuestra fe en ti. Amén."

REZO PARA BENDECIR EL ALCOHOL

"Protector San Simón, bendice este alcohol, ofrenda de festividad y celebración. Que fortalezca los lazos de comunidad y amistad entre nosotros y contigo. Que su espíritu nos inspire a vivir con alegría y pasión. Amén."

Notas:

Estos rezos, al ser recitados mientras se colocan las ofrendas, ayudan a establecer un espacio sagrado lleno de intención y respeto. Cada elemento, al ser bendecido, no solo enriquece el altar, sino que también fortalece la conexión espiritual con San Simón, haciendo de la práctica un acto de devoción y amor.

Novena a El Maximón:

CONSEJOS PARA REZAR LA NOVENA:

Busca un lugar tranquilo y silencioso donde puedas concentrarte.
Enciende una vela o incienso en honor al El Maximón.
Ten presente la imagen del El Maximón mientras rezas.
Hazlo con fe y devoción, y con la certeza de que tu petición será escuchada.

ORACIÓN PARA REZAR TODOS LOS DÍAS DE LA NOVENA

Padre Nuestro:

Padre nuestro, que estás en el cielo,
santificado sea tu nombre;
venga a nosotros tu reino;
hágase tu voluntad en la tierra como en el cielo.
Danos hoy nuestro pan de cada día;
perdona nuestras ofensas como también nosotros perdonamos a los que nos ofenden;
no nos dejes caer en la tentación,
y líbranos del mal.
Amén.

Ave María:

Dios te salve, María;
llena eres de gracia;
el Señor es contigo;
bendita eres tú entre las mujeres,
y bendito es el fruto de tu vientre, Jesús.
Santa María, Madre de Dios,
ruega por nosotros, pecadores,

ahora y en la hora de nuestra muerte.
Amén.

Gloria al Padre:

Gloria al Padre, y al Hijo, y al Espíritu Santo.
Como era en el principio, ahora y siempre,
por los siglos de los siglos.
Amén.

ORACIÓN AL EL MAXIMÓN:

San Simón, El Maximón,
Tata, patrón mío,
a ti me dirijo con fe y devoción,
para implorar tu ayuda y protección.

Tú que conoces los caminos del mundo,
y los secretos del corazón humano,
escucha mis súplicas y guíame en el sendero correcto.

Bríndame la sabiduría para tomar decisiones acertadas,
la fortaleza para superar las dificultades,
y la bondad para ayudar a los demás.

Que tu luz ilumine mi camino,
y tu presencia me acompañe en todo momento.

Te agradezco, Tata, por las bendiciones recibidas,
y te pido que nunca me abandones.

Con amor y respeto,
te entrego mi alma y mi corazón.

En el nombre del Padre, del Hijo y del Espíritu Santo.
Amén.

PETICIONES PERSONALES:

En este espacio, puedes incluir tus peticiones personales al El Maximón. Sé específico y claro en lo que deseas pedir, y ten fe en que tu plegaria será escuchada.

ORACIÓN FINAL:

San Simón, El Maximón,
te doy las gracias por escuchar mi oración.

Confío en tu poder y en tu misericordia,
y sé que me ayudarás en lo que te pido.

Que tu bendición esté conmigo siempre.

Amén.

Esta es solo una sugerencia de oración diaria. Puedes usar tus propias palabras para adaptarla a tus necesidades y creencias personales. Lo importante es que la hagas con fe y sinceridad.

Oración para el Día 1 de la Novena

INVOCACIÓN AL EL MAXIMÓN:

San Simón, El Maximón,
Tata, Padre mío,
a ti me dirijo en este primer día de la novena,
con el corazón lleno de fe y esperanza.

Tú que eres el protector de los más necesitados,
el refugio de los afligidos,
y el guía de los que buscan la verdad,

te imploro que me concedas tu divina protección.

Aleja de mí los peligros y las malas energías,
y cúbreme con tu manto de sabiduría y fortaleza.

Permite que mis pasos sean guiados por tu luz,
y que mis decisiones sean tomadas con rectitud y honestidad.

Que tu amor y misericordia me acompañen en cada momento,
y que tu presencia me llene de paz y tranquilidad.

AGRADECIMIENTO:

Te agradezco, Tata, por las bendiciones que he recibido en mi vida,
por las oportunidades que me has brindado,
y por las personas que me rodean y me aman.

Reconozco que no he sido perfecto,

y que he cometido errores en el camino.

Te pido perdón por mis faltas,
y te suplico que me ayudes a mejorar como persona.

PETICIONES ESPECÍFICAS:

En este primer día de la novena, te pido especialmente por:

(Especifica tus peticiones personales para este día)
Confío en que escucharás mis súplicas,
y que me concederás lo que te pido con fe.

ORACIÓN FINAL:

San Simón, El Maximón,
te doy las gracias por tu infinita bondad y misericordia.

Que tu bendición esté conmigo siempre,
y que tu luz ilumine mi camino.

Amén.

REFLEXIÓN:

En este día, te invito a reflexionar sobre las bendiciones que has recibido en tu vida, y a agradecer al El Maximón por su protección y guía. También te invito a meditar sobre tus errores y a pedir perdón por tus faltas. Finalmente, haz tus peticiones al El Maximón con fe y confianza, y ten la certeza de que tus oraciones serán escuchadas.

Oración para el Día 2 de la Novena

INVOCACIÓN AL EL MAXIMÓN:

San Simón, El Maximón,
Tata, Padre mío,

En este segundo día de la novena, me presento ante ti con humildad y devoción,

agradecido por tu infinita bondad y protección.

Te pido que me concedas la sabiduría para discernir entre el bien y el mal,

la fortaleza para enfrentar las adversidades,

y la bondad para ayudar a los demás.

Que tu luz ilumine mi mente y mi corazón,

y que tu presencia me guíe en el camino correcto.

AGRADECIMIENTO:

Te doy las gracias, Tata, por las personas que me rodean y me aman,

por las oportunidades que me has brindado para crecer,

y por las experiencias que me han hecho más fuerte.

Reconozco que todavía tengo mucho por aprender,

y que necesito tu guía para alcanzar mis metas.

PETICIONES ESPECÍFICAS:

En este segundo día de la novena, te pido especialmente por:

(Especifica tus peticiones personales para este día)
Confío en que escucharás mis súplicas,

y que me concederás lo que te pido con fe.

ORACIÓN FINAL:

San Simón, El Maximón,

te doy las gracias por tu infinita sabiduría y misericordia.

Que tu bendición esté conmigo siempre,

y que tu luz ilumine mi camino. Amén.

REFLEXIÓN:

En este día, te invito a reflexionar sobre las personas que te rodean y te aman.

Agradece a Dios por su presencia en tu vida,

y por el apoyo que te brindan en los momentos difíciles.

También te invito a meditar sobre tus metas y sueños,

y a pedirle a Dios la sabiduría y la fuerza para alcanzarlos.

Oración para el Día 3 de la Novena

INVOCACIÓN AL EL MAXIMÓN:

San Simón, El Maximón,
Tata, Padre mío,

En este tercer día de la novena, vengo a ti con el corazón abierto y la mente receptiva,

buscando tu guía y protección en este camino de la vida.

Te pido que me concedas la fe para creer en lo imposible,

la esperanza para enfrentar los desafíos,

y el amor para compartir con los demás.

Que tu luz brille en mi interior,

y que tu presencia me acompañe en cada paso que doy.

AGRADECIMIENTO:

Te doy las gracias, Tata, por las oportunidades que me has brindado para aprender y crecer,

por las experiencias que me han hecho más fuerte y resiliente,

y por las personas que me han acompañado en este viaje.

Reconozco que todavía tengo mucho por recorrer,

y que necesito tu ayuda para superar mis obstáculos.

PETICIONES ESPECÍFICAS:

En este tercer día de la novena, te pido especialmente por:

(Especifica tus peticiones personales para este día)
Confío en que escucharás mis súplicas,

y que me concederás lo que te pido con fe.

ORACIÓN FINAL:

San Simón, El Maximón,

te doy las gracias por tu infinita bondad y sabiduría.

Que tu bendición esté conmigo siempre,

y que tu luz ilumine mi camino. Amén.

REFLEXIÓN:

En este día, te invito a reflexionar sobre las oportunidades que has tenido en la vida para aprender y crecer.

Agradece a Dios por las experiencias que te han hecho más fuerte,

y por las personas que te han acompañado en este camino.

También te invito a meditar sobre tus obstáculos y desafíos,

y a pedirle a Dios la fe, la esperanza y el amor para superarlos.

Oración para el Día 4 de la Novena

INVOCACIÓN AL EL MAXIMÓN:

San Simón, El Maximón,
Tata, Padre mío,

En este cuarto día de la novena, vengo a ti con el corazón lleno de gratitud y confianza,

agradecido por tu constante presencia y protección en mi vida.

Te pido que me concedas la sabiduría para tomar decisiones acertadas,

la fortaleza para superar las adversidades,

y la bondad para ayudar a los demás.

Que tu luz ilumine mi camino,

y que tu presencia me llene de paz y tranquilidad.

AGRADECIMIENTO:

Te doy las gracias, Tata, por las personas que me aman y me apoyan,

por las oportunidades que me has brindado para alcanzar mis sueños,

y por las bendiciones que has derramado sobre mi vida.

Reconozco que no soy perfecto,

y que he cometido errores en el camino.

Te pido perdón por mis faltas,

y te suplico que me ayudes a ser una mejor persona.

PETICIONES ESPECÍFICAS:

En este cuarto día de la novena, te pido especialmente por:

(Especifica tus peticiones personales para este día)
Confío en que escucharás mis súplicas,

y que me concederás lo que te pido con fe.

ORACIÓN FINAL:

San Simón, El Maximón,

te doy las gracias por tu infinita bondad y misericordia.

Que tu bendición esté conmigo siempre,

y que tu luz ilumine mi camino.

Amén.

REFLEXIÓN:

En este día, te invito a reflexionar sobre las personas que te aman y te apoyan.

Agradece a Dios por su presencia en tu vida, y por el amor y el apoyo que te brindan.

También te invito a meditar sobre tus errores y faltas,

y a pedirle a Dios perdón y ayuda para ser una mejor persona.

Oración para el Día 5 de la Novena

INVOCACIÓN AL EL MAXIMÓN:

San Simón, El Maximón,
Tata, Padre mío,

En este quinto día de la novena, me presento ante ti con el corazón humilde y el espíritu dispuesto,

buscando tu guía y protección en este camino de la vida.

Te pido que me concedas la fortaleza para enfrentar las dificultades,

la sabiduría para tomar decisiones acertadas,

y la bondad para ayudar a los demás.

Que tu luz brille en mi interior,

y que tu presencia me acompañe en cada paso que doy.

AGRADECIMIENTO:

Te doy las gracias, Tata, por la salud que me permite disfrutar de cada día,

por el techo que me cobija y la comida que me nutre,

y por las personas que me rodean y me aman.

Reconozco que todavía tengo mucho por aprender,

y que necesito tu ayuda para superar mis obstáculos.

PETICIONES ESPECÍFICAS:

En este quinto día de la novena, te pido especialmente por:

(Especifica tus peticiones personales para este día)
Confío en que escucharás mis súplicas,

y que me concederás lo que te pido con fe.

ORACIÓN FINAL:

San Simón, El Maximón,

te doy las gracias por tu infinita bondad y sabiduría.

Que tu bendición esté conmigo siempre,

y que tu luz ilumine mi camino. Amén.

REFLEXIÓN:

En este día, te invito a reflexionar sobre la salud que te permite disfrutar de cada día.

Agradece a Dios por el techo que te cobija y la comida que te nutre,

y por las personas que te rodean y te aman.

También te invito a meditar sobre tus obstáculos y desafíos,

y a pedirle a Dios la fortaleza, la sabiduría y la bondad para superarlos.

Oración para el Día 6 de la Novena

INVOCACIÓN AL EL MAXIMÓN:

San Simón, El Maximón,
Tata, Padre mío,

En este sexto día de la novena, vengo a ti con el corazón lleno de esperanza y fe,

buscando tu guía y protección en este camino de la vida.

Te pido que me concedas la sabiduría para discernir entre el bien y el mal,

la fortaleza para enfrentar las adversidades,

y la bondad para ayudar a los demás.

Que tu luz ilumine mi mente y mi corazón,

y que tu presencia me acompañe en cada paso que doy.

AGRADECIMIENTO:

Te doy las gracias, Tata, por las oportunidades que me has brindado para crecer,

por las experiencias que me han hecho más fuerte y resiliente,

y por las personas que me han acompañado en este viaje.

Reconozco que todavía tengo mucho por recorrer,

y que necesito tu ayuda para superar mis obstáculos.

PETICIONES ESPECÍFICAS:

En este sexto día de la novena, te pido especialmente por:

(Especifica tus peticiones personales para este día)
Confío en que escucharás mis súplicas,

y que me concederás lo que te pido con fe.

ORACIÓN FINAL:

San Simón, El Maximón,

te doy las gracias por tu infinita bondad y sabiduría.

Que tu bendición esté conmigo siempre,

y que tu luz ilumine mi camino. Amén.

REFLEXIÓN:

En este día, te invito a reflexionar sobre las oportunidades que has tenido en la vida para crecer.

Agradece a Dios por las experiencias que te han hecho más fuerte,

y por las personas que te han acompañado en este camino.

También te invito a meditar sobre tus obstáculos y desafíos,

y a pedirle a Dios la fe, la esperanza y el amor para superarlos.

Oración para el Día 7 de la Novena

INVOCACIÓN AL EL MAXIMÓN:

San Simón, El Maximón,
Tata, Padre mío,

En este séptimo día de la novena, me presento ante ti con el corazón lleno de gratitud y confianza,

agradecido por tu constante presencia y protección en mi vida.

Te pido que me concedas la sabiduría para tomar decisiones acertadas,

la fortaleza para superar las adversidades,

y la bondad para ayudar a los demás.

Que tu luz ilumine mi camino,

y que tu presencia me llene de paz y tranquilidad.

AGRADECIMIENTO:

Te doy las gracias, Tata, por las personas que me aman y me apoyan,

por las oportunidades que me has brindado para alcanzar mis sueños,

y por las bendiciones que has derramado sobre mi vida.

Reconozco que no soy perfecto,

y que he cometido errores en el camino.

Te pido perdón por mis faltas,

y te suplico que me ayudes a ser una mejor persona.

PETICIONES ESPECÍFICAS:

En este séptimo día de la novena, te pido especialmente por:

(Especifica tus peticiones personales para este día)
Confío en que escucharás mis súplicas,

y que me concederás lo que te pido con fe.

ORACIÓN FINAL:

San Simón, El Maximón,

te doy las gracias por tu infinita bondad y misericordia.

Que tu bendición esté conmigo siempre,

y que tu luz ilumine mi camino.

Amén.

REFLEXIÓN:

En este día, te invito a reflexionar sobre las personas que te aman y te apoyan.

Agradece a Dios por su presencia en tu vida,

y por el amor y el apoyo que te brindan.

También te invito a meditar sobre tus errores y faltas,

y a pedirle a Dios perdón y ayuda para ser una mejor persona.

Oración para el Día 8 de la Novena

INVOCACIÓN AL EL MAXIMÓN:

San Simón, El Maximón,
Tata, Padre mío,

En este octavo día de la novena, vengo a ti con el corazón humilde y el espíritu dispuesto,

buscando tu guía y protección en este camino de la vida.

Te pido que me concedas la fortaleza para enfrentar las dificultades,

la sabiduría para tomar decisiones acertadas,

y la bondad para ayudar a los demás.

Que tu luz brille en mi interior,

y que tu presencia me acompañe en cada paso que doy.

AGRADECIMIENTO:

Te doy las gracias, Tata, por la salud que me permite disfrutar de cada día,

por el techo que me cobija y la comida que me nutre,

y por las personas que me rodean y me aman.

Reconozco que todavía tengo mucho por aprender,

y que necesito tu ayuda para superar mis obstáculos.

PETICIONES ESPECÍFICAS:

En este octavo día de la novena, te pido especialmente por:

(Especifica tus peticiones personales para este día)
Confío en que escucharás mis súplicas,

y que me concederás lo que te pido con fe.

ORACIÓN FINAL:

San Simón, El Maximón,

te doy las gracias por tu infinita bondad y sabiduría.

Que tu bendición esté conmigo siempre,

y que tu luz ilumine mi camino. Amén.

REFLEXIÓN:

En este día, te invito a reflexionar sobre la salud que te permite disfrutar de cada día.

Agradece a Dios por el techo que te cobija y la comida que te nutre,

y por las personas que te rodean y te aman.

También te invito a meditar sobre tus obstáculos y desafíos,

y a pedirle a Dios la fortaleza, la sabiduría y la bondad para superarlos.

Oración para el Día 9 (y último) de la Novena

INVOCACIÓN AL EL MAXIMÓN:

San Simón, El Maximón,
Tata, Padre mío,

En este noveno y último día de la novena, me presento ante ti con el corazón lleno de gratitud y emoción,

agradecido por tu constante presencia y protección en mi vida.

Te pido que me concedas la sabiduría para discernir entre el bien y el mal,

la fortaleza para enfrentar las adversidades,

y la bondad para ayudar a los demás.

Que tu luz ilumine mi mente y mi corazón,

y que tu presencia me acompañe en cada paso que doy.

AGRADECIMIENTO:

Te doy las gracias, Tata, por las oportunidades que me has brindado para crecer,

por las experiencias que me han hecho más fuerte y resiliente,

y por las personas que me han acompañado en este viaje.

Reconozco que todavía tengo mucho por recorrer,

y que necesito tu ayuda para superar mis obstáculos.

PETICIONES ESPECÍFICAS:

En este noveno y último día de la novena, te pido especialmente por:

(Especifica tus peticiones personales para este día)
Confío en que escucharás mis súplicas,

y que me concederás lo que te pido con fe.

ORACIÓN FINAL:

San Simón, El Maximón,

te doy las gracias por tu infinita bondad y sabiduría.

Que tu bendición esté conmigo siempre,

y que tu luz ilumine mi camino.

Amén.

REFLEXIÓN:

En este último día de la novena, te invito a reflexionar sobre todo lo que has aprendido y experimentado durante estos nueve días.

Agradece a Dios por su guía y protección,

y por las bendiciones que ha derramado sobre tu vida.

También te invito a meditar sobre tus próximos pasos,

y a pedirle a Dios la fe, la esperanza y el amor para seguir adelante.

Oración al *El Maximón* para protección las 24 horas del día, los 7 días de la semana

INVOCACIÓN AL EL MAXIMÓN:

San Simón, El Maximón,
Tata, Padre mío,

Me presento ante ti con el corazón lleno de humildad y devoción,

buscando tu poderosa protección en este camino de la vida.

Te pido que me ampares con tu manto divino las 24 horas del día, los 7 días de la semana,

alejando de mí todo peligro, maldad y adversidad.

Que tu luz radiante ilumine mi camino,

y que tu presencia me acompañe en cada paso que doy.

AGRADECIMIENTO:

Te doy las gracias, Tata, por tu infinita bondad y misericordia,

por tu constante protección y cuidado.

Reconozco que no soy perfecto,

y que necesito tu ayuda para enfrentar los desafíos de la vida.

PETICIÓN DE PROTECCIÓN:

En este día, te imploro que me brindes tu poderosa protección las 24 horas del día, los 7 días de la semana.

Que tu escudo invisible me resguarde de todo mal,

y que tu fuerza me ayude a superar cualquier obstáculo.

Protege a mi familia y amigos,

y a todas las personas que amo.

ORACIÓN FINAL:

San Simón, El Maximón,

te doy las gracias por tu infinita bondad y sabiduría.

Que tu bendición esté conmigo siempre,

y que tu luz ilumine mi camino.

Amén.

Oración al El Maximón para pedir salud perfecta

INVOCACIÓN AL EL MAXIMÓN:

San Simón, El Maximón,
Tata, Padre mío,

Me presento ante ti con el corazón lleno de esperanza y fe,

buscando tu sanadora presencia en este camino de la vida.

Te pido que me concedas el don de la salud perfecta,

para que pueda disfrutar de la vida en plenitud y sin limitaciones.

Que tu luz radiante cure mis dolencias,

y que tu fuerza revitalice mi cuerpo y mi mente.

AGRADECIMIENTO:

Te doy las gracias, Tata, por la salud que me has permitido disfrutar hasta ahora,

por la fortaleza que me ha dado para superar las enfermedades,

y por la paz que ha reinado en mi cuerpo y mi alma.

Reconozco que no soy perfecto,

y que necesito tu ayuda para mantenerme sano.

PETICIÓN DE SALUD:

En este día, te imploro que me brindes el don de la salud perfecta.

Que cures mis dolencias físicas y mentales,

y que me fortalezcas para enfrentar los desafíos de la vida.

Protege a mi familia y amigos,

y a todas las personas que amo, de las enfermedades y las dolencias.

ORACIÓN FINAL:

San Simón, El Maximón,

te doy las gracias por tu infinita bondad y sabiduría.

Que tu bendición esté conmigo siempre,

y que tu luz ilumine mi camino.

Amén.

Oración al El Maximón para recuperar la fe perdida

INVOCACIÓN AL EL MAXIMÓN:

San Simón, El Maximón,
Tata, Padre mío,

En este momento de flaqueza y duda, me presento ante ti con el corazón humilde y necesitado,

buscando refugio en tu infinita sabiduría y bondad.

Te pido que me ayudes a recuperar la fe que he perdido,

esa llama que ilumina mi camino y me da la fuerza para seguir adelante.

Que tu luz radiante penetre en las profundidades de mi ser,

y disipe las tinieblas que oscurecen mi alma.

AGRADECIMIENTO:

Te doy las gracias, Tata, por la fe que me has dado desde mi nacimiento,

por las experiencias que han fortalecido mi espíritu,

y por las personas que me han acompañado en este camino.

Reconozco que he cometido errores y he fallado en mi fe,

y que necesito tu ayuda para volver a encontrar el camino

correcto.

PETICIÓN PARA RECUPERAR LA FE:

En este día, te imploro que me ayudes a recuperar la fe perdida.

Que reavives la llama de la esperanza en mi corazón,

y me des la fortaleza para superar las dudas y los obstáculos.

Guíame en este camino de regreso a la fe,

y ayúdame a encontrar la paz y la serenidad que tanto anhelo.

ORACIÓN FINAL:

San Simón, El Maximón,

te doy las gracias por tu infinita bondad y misericordia.

Que tu bendición esté conmigo siempre,

y que tu luz ilumine mi camino.

Amén.

Oración al El Maximón para pedir trabajo, prosperidad y bienestar

INVOCACIÓN AL EL MAXIMÓN:

San Simón, El Maximón,
Tata, Padre mío,

Me presento ante ti con el corazón lleno de esperanza y humildad,

buscando tu bendición y guía en este camino de la vida.

Te pido que me concedas el don de un trabajo digno y próspero,

que me permita mantener a mi familia y alcanzar mis metas.

Que tu luz radiante ilumine mi camino hacia la prosperidad,

y que tu fuerza me ayude a superar los obstáculos que se presenten.

AGRADECIMIENTO:

Te doy las gracias, Tata, por las oportunidades que me has brindado hasta ahora,

por las personas que me han apoyado en mi camino,

y por las bendiciones que has derramado sobre mi familia.

Reconozco que no soy perfecto,

y que necesito tu ayuda para alcanzar la prosperidad y el bienestar.

PETICIÓN DE TRABAJO, PROSPERIDAD Y BIENESTAR:

En este día, te imploro que me concedas un trabajo digno y próspero.

Que me abras las puertas de nuevas oportunidades,

y que me des la sabiduría para tomar decisiones acertadas en mi vida profesional.

Bendice mi negocio, Tata,

y hazlo prosperar para que pueda proveer para mi familia y alcanzar mis sueños.

Que nunca falte el alimento en nuestra mesa,

y que tengamos la posibilidad de poner dinero en tu altar en señal de agradecimiento.

Permítenos también ahorrar un poco para tener un futuro seguro y tranquilo.

ORACIÓN FINAL:

San Simón, El Maximón,

te doy las gracias por tu infinita bondad y sabiduría.

Que tu bendición esté conmigo siempre,

y que tu luz ilumine mi camino. Amén.

Oración al El Maximón para abandonar los vicios y alcanzar una vida digna y en paz

INVOCACIÓN AL EL MAXIMÓN:

San Simón, El Maximón,
Tata, Padre mío,

Me presento ante ti con el corazón lleno de arrepentimiento y esperanza,

buscando tu ayuda para liberarme de las cadenas de los vicios que me atan.

Te pido que me concedas la fuerza y la sabiduría para abandonar estos hábitos destructivos,

y que me guíes hacia un camino de vida digno y en paz.

Que tu luz radiante ilumine mi mente y mi corazón,

y que tu fuerza me ayude a superar las tentaciones y flaquezas.

AGRADECIMIENTO:

Te doy las gracias, Tata, por la oportunidad de empezar de nuevo,

por las personas que me aman y me apoyan en este camino,

y por la esperanza que me has dado de un futuro mejor.

Reconozco que he cometido errores y he caído en las trampas de los vicios,

y que necesito tu ayuda para salir de este abismo y alcanzar la redención.

Petición para abandonar los vicios y alcanzar una vida digna y en paz:

En este día, te imploro que me ayudes a dejar atrás los vicios que me han alejado de ti y de mi verdadero potencial.

Dame la fuerza para resistir las tentaciones y superar las recaídas.

Que tu luz radiante ilumine mi mente y mi corazón,

y me guíe hacia un camino de vida digno, responsable y lleno de paz.

Ayúdame a recuperar la salud física y mental,

a fortalecer mis relaciones con la familia y amigos,

y a encontrar un trabajo digno que me permita mantenerme a mí mismo y a mi familia.

Permítame experimentar la verdadera alegría de vivir,

libre de las cadenas de los vicios y lleno de la paz que solo tú puedes dar.

ORACIÓN FINAL:

San Simón, El Maximón,

te doy las gracias por tu infinita bondad y misericordia.

Que tu bendición esté conmigo siempre,

y que tu luz ilumine mi camino hacia la redención y la paz.

Amén.

Epílogo: El Legado de Maximón

Mientras las páginas de este libro se cierran, la historia de Maximón permanece abierta y vibrante, continuando su influencia en el corazón y el espíritu de sus devotos. A lo largo de este viaje, hemos explorado las raíces profundas de Maximón en la rica tierra de Guatemala, entrelazando el pasado maya con el presente sincretizado. Hemos viajado a través de leyendas y rituales, descubriendo cómo este singular santo ha llegado a simbolizar tanto la resistencia como la adaptación, sirviendo como un puente entre mundos, entre lo celestial y lo terrenal.

Maximón, aunque figura polémica y compleja, es un testamento de la resiliencia y la creatividad espiritual de las comunidades que lo veneran. En él se reflejan las luchas, las esperanzas y las aspiraciones de un pueblo que, a pesar de las adversidades históricas, ha sabido preservar su identidad y su fe. A través de los siglos, Maximón ha sido protector y proveedor, juez y parte, y sobre todo, un punto fijo en el cambiante horizonte de la vida guatemalteca.

Este libro no solo ha sido un recuento de la historia y las prácticas asociadas a Maximón, sino también una invitación a entender la profundidad de la fe y la complejidad de la religiosidad popular. En cada ofrenda de tabaco, en cada trago de aguardiente, en cada vela encendida, se renueva la antigua conversación entre los humanos y lo divino.

Así como Maximón cambia de custodio cada año durante la Semana Santa, su historia continúa evolucionando, llevada por las voces de aquellos que aún hoy le rezan y le rinden homenaje. En las plazas de Santiago Atitlán, en los altares humildes de casas lejanas, Maximón sigue siendo un espejo de su gente, reflejando tanto su devoción como sus desafíos.

Concluimos este libro con la certeza de que la figura de Maximón perdurará, adaptándose a nuevos tiempos y nuevas generaciones. Quizás el mayor milagro de Maximón sea su incesante capacidad para mantenerse relevante, para ser un ancla en la tormenta de la modernidad, asegurando que las raíces culturales continúen alimentando las almas de quienes buscan su amparo.

Y así, con respeto y admiración, dejamos a Maximón en sus dominios, sabiendo que su legado es tan eterno como las montañas que vigilan silenciosas la tierra de Guatemala.

Copyright
© Calli Casa Editorial, 2008
© Calli Casa Editorial, 2024
Todos los derechos registrados.
Prohibida la reproducción total o parcial
de esta obra en todo su contenido:
texto, dibujos, ideas, e ilustración de
portada y contraportada, sin autorización
por escrito de

Calli Casa Editorial,
Lake Elsinore, CA. EUA

www.ingramcontent.com/pod-product-compliance
Lightning Source LLC
Chambersburg PA
CBHW060851050426
42453CB00008B/937